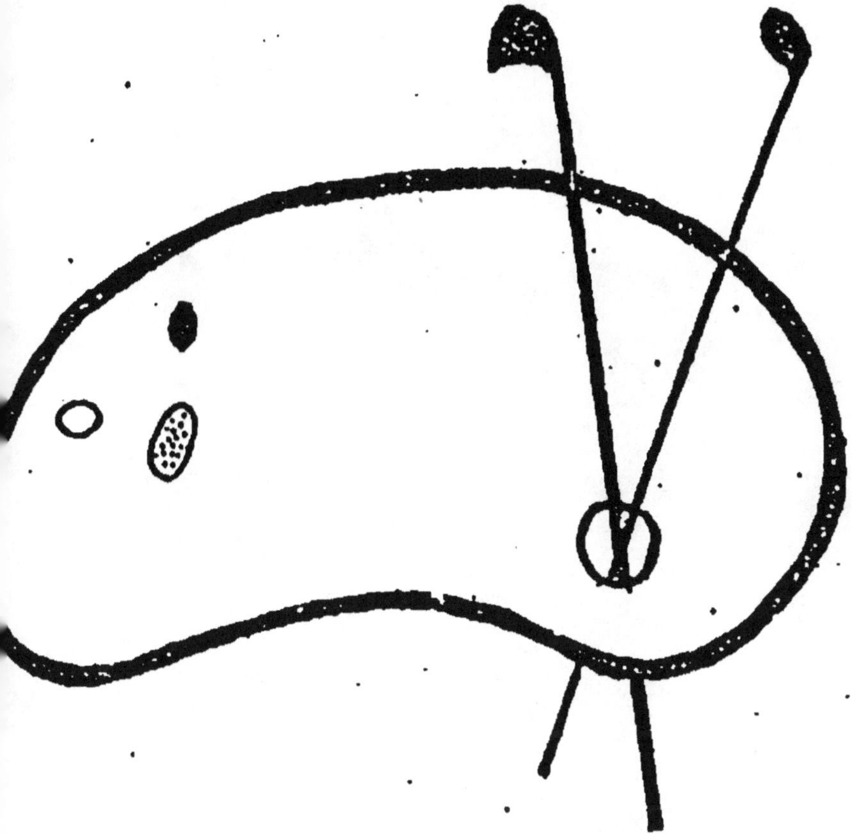

DEBUT D'UNE SERIE DE DOCUMENTS EN COULEUR

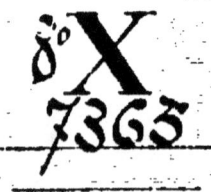

BIBLIOTHEQUE NATIONALE DE FRANCE

3 7502 012236027 9

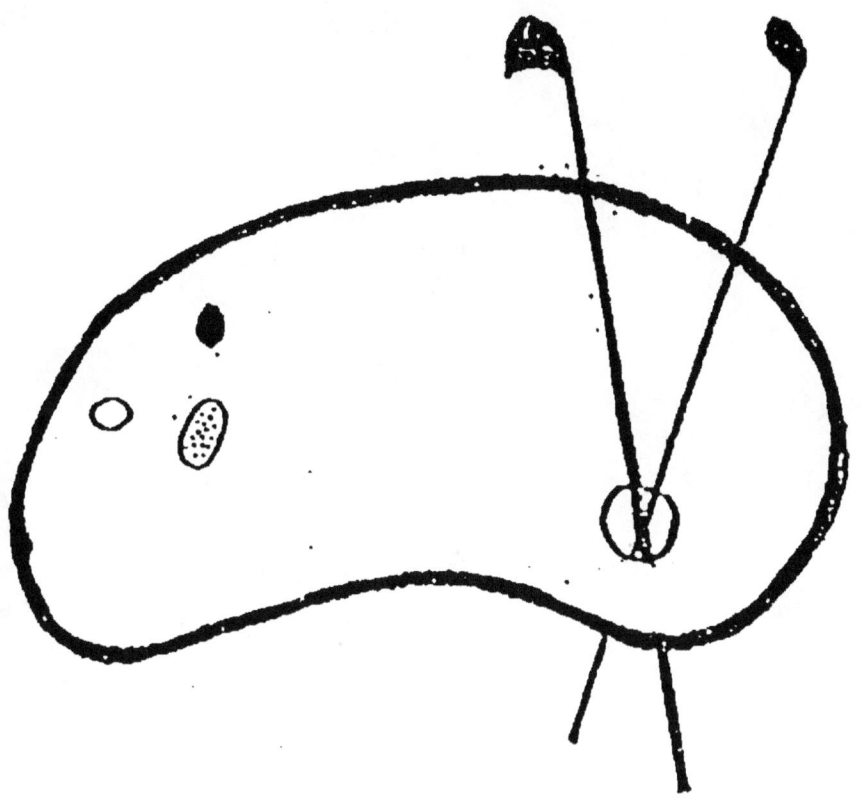

FIN D'UNE SERIE DE DOCUMENTS
EN COULEUR

ALPHABET

CHRÉTIEN

OU

RÈGLEMENT

POUR LES ENFANTS

QUI FRÉQUENTENT LES ÉCOLES CHRÉTIENNES.

LIMOGES
EUGÈNE ARDANT ET Cⁱᵉ, ÉDITEURS.

A B C D E
F G H I J
K L M N O
P Q R S T
U V X Y Z
Æ Œ W

a b c d e
f g h i j k l
m n o p q r
s t u v x y z
æ œ ff fi ffi
fl ffl w

Ba	be	bi	bo	bu
Ca	ce	ci	co	cu
Da	de	di	do	du
Fa	fe	fi	fo	fu
Ga	ge	gi	go	gu
La	le	li	lo	lu
Ma	me	mi	mo	mu
Na	ne	ni	no	nu
Pa	pe	pi	po	pu
Qua	que	qui	quo	quu

Ra	re	ri	ro	ru
Sa	se	si	so	su
Ta	te	ti	to	tu
Va	ve	vi	vo	vu
Xa	xe	xi	xo	xu
Za	ze	zi	zo	zu

---

an, on, un, or,
et, au, s'y, est,
lui, pas, loi, jeu,

air, mur, nous, mais, vous, fil, point, temps, dans, jour, dix, corps, main, dent, pied, le, pont, tour, la, long, haut, les, bancs, bois, du, cent, deux, si,

â me, pè re, an-
ge, tê te, heu re,
pa ge, en fer, es-
prit, com me,
beau coup, em-
ploi, pre mier,
clas se, li vre,
ta ble, se cond,
pren dre, a mi,
ciel, tré sor,

sain te,　　mê me,
vil le,　　　ap pel,
se cours,　　gla ce,
fau te,　　　dé faut,
ver tu,　　　fi xer,
Mes se,　　si gna le,
gout te,　　　ex il,
lar me,　　　ar bre,
ha ïr,　　　dé cret,
stal le,　　　ai mer.

Pa ra dis, é co-
le, A pô tre,
é toi le, E gli-
se, dis ci ple,
o rai son, doc-
tri ne, pa ro le,
pen si on, nou-
vel le, vil la ge,
fa mil le, Sain te
Vier ge.

AU NOM DU PÈRE, ET DU FILS, ET DU SAINT-ESPRIT. AINSI SOIT-IL.

L'ORAISON DOMINICALE.

No tre Pè re, qui ê tes aux cieux, que votre nom soit sancti fi é; que vo tre rè gne arri ve, que vo tre vo lon té soit fai te en la ter-re com me au ciel : don nez-nous au jour-d'hui no tre pain quo ti di-en ; et nous par-don nez nos of-fen ses, com me

nous par don-
nons à ceux qui
nous ont of-
fen sés, et ne
nous lais sez
pas suc com-
ber à la ten ta-
tion, mais dé-
li vrez-nous du
mal. Ain si soit-il.

LA SALUTATION ANGÉLIQUE.

Je vous salue, Marie, pleine de grâce, le Seigneur est avec vous; vous êtes bénie entre toutes les femmes, et Jé sus, le fruit de vos en- trail les, est bé ni. Sain te Ma rie, mè re de Dieu, pri ez pour nous, pau vres pé cheurs, main- te nant et à l'heu re de no tre mort. Ainsi soit - il.

LE SYMBOLE DES APOTRES.

Je crois en Dieu le Père tout - puissant, créateur du ciel et de la terre, et en Jésus-

Christ son fils u ni que, no tre Sei gneur; qui a été con çu du Saint - Es prit, est né de la Vier ge Ma rie; a souf fert sous Pon ce - Pi la te; a été cru ci fié;

est mort et a
é té en se ve li ;
qui est des cen-
du aux en fers,
et le troi siè me
jour est res sus-
ci té des morts,
est mon té aux
Cieux, est as sis
à la droi te de

Dieu le Père tout-puissant, d'où il viendra juger les vivants et les morts. Je crois au Saint-Esprit, la sainte Eglise catholique, la communion des Saints, la ré mis si on des pé chés, la ré- sur rec ti on de la chair, la vie é ter nel le.

Ain si soit-il.

LA CONFESSION DES PÉCHÉS.

Je con fes se à Dieu tout-puis sant, à la bien heu reu se Ma rie, tou jours Vier ge, à saint Mi chel Archan ge, à saint Jean - Bap tis te, aux A pô tres saint Pier re et saint Paul, à tous les Saints, et à vous, mon Père, que j'ai beaucoup péché, par pensées, par paroles, par actions et par omissions; c'est ma faute, c'est ma faute, c'est ma très grande faute : C'est pourquoi je supplie la bienheureuse Marie toujours Vierge, saint Michel Archange, saint Jean-Bap-

tis te, les A pô-
tres saint Pier-
re et saint Paul,
tous les Saints,
et vous, mon
Père, de pri er
pour moi le Sei-
gneur no tre
Dieu.

Que le Dieu

tout-puis sant nous fas se mi sé ri cor de, qu'il nous par don ne nos pé chés, et nous con dui se à la vie é ter nel le. Ain si soit-il.

Que le Sei-

gneur tout - puis-
sant et mi sé ri-
cor di eux nous
ac cor de l'in-
dul gen ce, l'ab-
so lu ti on et la ré-
mis si on de nos
pé chés.

Ain si soit-il.

ACTES DES VERTUS THÉOLOGALES.

ACTE DE FOI.

Mon Dieu, je crois fer me-ment tout ce que la sain te E gli se ca tho-li que, a pos to-li que et ro mai-ne m'or donne de croi re, par ce que c'est vous, ô vé ri té in fail li ble! qui le lui avez ré vé lé.

ACTE D'ESPÉRANCE.

Mon Dieu, j'es pè re, a vec u ne fer me confi an ce, que

vous me donnerez, par les mérites de Jésus-Christ, votre grâce en ce monde; et si j'observe vos Commandements, votre gloire en l'autre, par ce que vous me l'a vez pro mis, et que vous ê tes sou- ve rai ne ment fi dè le dans vos pro mes ses.

ACTE DE CHARITÉ.

Mon Dieu, je vous ai me de

tout mon cœur, de tout mon esprit, de toute mon âme et de toutes mes forces, par-dessus toutes choses, parce que vous êtes infiniment bon et infi ni ment aima ble; et j'aime mon prochain com me moi - mê me pour l'a mour de vous.

ACTE DE CONTRITION.

Mon Dieu, j'ai un ex trê me regret de vous a voir offensé, parce que vous êtes infiniment bon, infiniment aimable, et que le péché vous déplaît; pardonnez-moi

par les méri-
tes de Jésus-
Christ; je me
pro po se, mo-
yen nant vo tre
sain te grâ ce,
de ne plus
vous offen ser
et de faire pé-
ni ten ce.

AVIS

A UN ENFANT CHRÉTIEN.

1. Re tour nez : de : l'E-co le : à : la : Mai son sans : vous : ar rê ter par : les : rues : mo des-te ment : c'est-à-di re sans : cri er : ni : of fen-ser : per son ne : Au con trai re : si : l'on vous : in ju rie : et : of-fen se : en du rez - le

pour : l'a mour : de : Notre : Sei gneur : et : di-
tes : en : vous : mê me
Dieu : vous : don ne : la
grâ ce : de : vous : re-
pen tir : de : vo tre : faute : et : vous : par don-
ne : com me : je : vous
par don ne.

2. Gar dez : vous
bien : de : ju rer : de
vous : met tre : en : co-
lè re : de : di re : des
pa ro les : sa les : de
fai re : au cu ne : ac tion
dés hon nê te.

3. Quand : vous : pas sez de vant : quel que : Croix ou : quel que : I ma ge : de no tre : Sei gneur : de : la Très-Sainte : Vier ge : ou : des Saints : fai tes : u ne : res-pec tu eu se : in cli na tion.

4. Quand : vous : ren con-tre rez : quel que : per son-ne : de : vo tre : con nais san-ce : sa lu ez-la : le pre mier par ce : que : c'est : u ne ac tion : d'hu mi li té.

5. Sa luez : les : per son nes

que : vous : ren con tre rez
se lon : la : cou tu me : du
lieu : et : l'ins truc tion
qu'on : vous : au ra : don-
née.

6. Quand : vous : en tre rez
chez : vous : ou dans : quelque : au tre : mai son : sa-
luez : ceux : que : vous : y
trou ve rez.

7. Quand : vous : fe rez
quel que : ac tion : fai tes
dé vo te ment : le si gne
de : la : sain te : croix : avec
in ten tion : de : fai re : au

nom : de : Dieu : et : pour sa : gloi re : ce : que : vous al lez : fai re.

8. Quand : vous : par lez avec : des : per son nes : de con si dé ra tion : ré pon dez hum ble ment : oui : Mon- sieur : oui : Ma da me : non Mon sieur : etc. : se lon : qu'on vous : in ter ro ge ra.

9. Si : ceux : qui : ont pou voir : sur . vous : vous com man dent : quel que : cho- se : qui : soit : hon nê te

et : que : vous : puis si ez
fai re : o béis sez-leur : vo-
lon tiers : et : promp te ment.

10. Si : l'on : vous : com-
man dait : de : di re : quelque : pa ro le : ou : de : fai re
quel que : ac tion : mau vai-
se : ré pon dez : que : vous
ne : le : pou vez : point
fai re : d'au tant : que : ce la
dé plaît : à : Dieu.

11. Quand : vous : vou-
drez : man ger : la vez - vous
pre miè re ment : les : mains

puis : di tes : le : BE NE DI CI TE ou : au tre : bé né dic ti on a vec : pié té : et : mo des tie.

12. Lors que : vous : vou- drez : boi re : pro non cez tout : bas : le : saint : nom : de Jé sus.

13. Tou tes : les : fois : que vous : nom me rez : ou : en ten- drez : nom mer : Jé sus : ou Ma rie : vous : fe rez : u ne : in- cli na ti on : res pec tu eu se.

14. Gar dez-vous : bien : à ta ble : ou : ail leurs : de

de man der : de : pren dre
et : de : sous trai re : en : ca-
chet te : ou : au tre ment . ce
qu'on : au ra : ser vi : et
mê me : vous : ne : de vez
pas : le : re gar der : a vec
en vie.

15. Quand : on : vous : donne ra : quel que : cho se : re-
ce vez-le : a vec : res pect : et
re mer ci ez : ce lui : ou : celle : qui : vous : l'au ra : donné.

16. Ne : vous : as se yez

point · à : ta ble : si : l'on : ne vous : in vi te.

17. Man gez : et : bu vez dou ce ment : et : hon nê tement : sans : a vi di té : et sans : ex cès.

18. A : la : fin : de : chaque : re pas : di tes : dé vote ment : les : Grâ ces : ensui te : sa lu ez : res pec tueu se ment : les : per son nes a vec : les quel les : vous : a vez pris : vo tre : re pas : et : remer ci ez : ceux : qui : vous a vaient : in vi té.

19. Ne : sor tez : pas : de vo tre : mai son : sans : en de man der : et : sans : en a voir : ob te nu : la : per missi on.

20. N'al lez : point : a vec les : en fants : vi cieux : et : méchants : car : ils : peu vent vous : nui re : pour : le : corps et : pour : l'â me.

21. Quand : vous : au rez em prun té : quel que : cho se ren dez-le : au : plus : tôt : et n'at ten dez : pas : qu'on : vous le : de man de.

22. Lors que : vous : au rez à : par ler : à : quel que : person ne : d'au to ri té : qui : se ra oc cu pée : pré sen tez-vous a vec : res pect : et : at ten dez qu'el le : ait : le : loi sir : de vous : par ler : et : qu'el le vous : de man de : ce : que vous : lui : vou lez.

23. Si : quel qu'un : vous re prend : ou : vous : don ne quel que : a ver tis se ment re mer ciez-le : a vec : hu mili té.

24. Ne : tu to yez : per son-

ne : non : pas : mê me : les ser vi teurs : les : ser van tes et : les : pau vres.

25. Al lez : au-de vant : de ceux : qui : en trent : chez vous : pour : les : sa lu er.

26. Si : quel qu'un : de ceux : de : la : mai son : ou au tre : dit : ou : fait : en vo tre : pré sen ce : quel que cho se : de : mal : à : pro pos et : in di gne : d'un : Chré- tien : té moi gnez : par : quel-

que : si gne : la : pei ne : que vous : en : res sen tez.

27. Quand : les : pau vres de man dent : à : vo tre : por te pri ez : vo tre : pè re : ou vo tre : mè re : ou : ceux : chez qui : vous : de meu rez : de leur : fai re : l'au mô ne : pour l'a mour : de : Dieu : fai tes-la-leur : vous-mê me : lors-que : vous : le : pou vez.

28. Le : soir : a vant : de vous : al ler : cou cher : a près a voir : sou hai té : le : bon-soir : à : vos : pè re : et : mè re ou : au tres : met tez-vous : à

ge noux : au près : de : vo tre
lit : ou : de vant : quel que
i ma ge : et : di tes : vo tre
pri è re : a vec : at ten ti on
et : dé vo ti on : En sui te : pre‑
nez : de : l'eau : bé ni te : et
fai tes : le : si gne : de : la
sain te : croix : sur : vo tre : lit.

29. Le : ma tin : en : vous
le vant : fai tes : le : si gne : de
la : sain te : croix : et : é tant
ha bil lé : met tez - vous : à
ge noux : et : di tes : dé vo‑
te ment : la : Pri è re : du
ma tin : En sui te : sou hai‑
tez : le : bon jour : à : vos

pè re : et : mè re : et : au tres per son nes : de : la : mai son.

30. Tous : les : jours : si vous : le : pou vez : en ten dez la : sain te : Mes se : dé vo te ment : et : à : ge noux : et le vez-vous : quand : le : Prê-tre : dit : l'E van gi le.

31. Quand : vous : en ten-drez : son ner : l'An ge lus ré ci tez - le.

32. So yez : tou jours : prêt à : al ler : à : l'E co le : et ap pre nez : soi gneu se ment les : cho ses : que : vos : maî-tres : vous : en sei gnent : so-

yez-leur : bien : o bé is sant et : res pec tu eux.

33. Gar dez-vous : bien : de men tir : en : quel que : ma- niè re : que : ce : soit : car les : men teurs : sont : les en fants : du : dé mon : qui est : le : pè re : du : men- son ge.

34. Sur tout : gar dez-vous de : dé ro ber : au cu ne : cho- se : ni : chez : vous : ni : ail- leurs : par ce : que : c'est : of- fen ser : Dieu : c'est : se : ren- dre : o dieux : à : tout : le mon de : et : pren dre : le

che min : d'une : mort : in‑
fà me.

35. En fin : tous : vos : prin‑
ci paux : soins : tan dis : que
vous : vi vez : en : ce : mon‑
de : doi vent : ten dre : à
vous : ren dre : a gré a ble
à : Dieu : et : à : ne : le : point
of fen ser : a fin : qu'a près
cet te : vie : mor tel le : vous
so yez : pré ser vé : de : l'en‑
fer : et : vous : pos sé diez : la
gloi re : du : Pa ra dis.

Ain si : soit-il.

EN ENTRANT DANS L'ÉGLISE.

Divin Jésus, je crois que vous êtes ici présent : je vous y adore, je vous loue, je vous reconnais pour mon Créateur et mon Sauveur, et j'unis mes humbles adorations à celles que la très-sainte Vierge, les Anges et les Saints vous rendent dans le ciel, et j'offre à la très-sainte Trinité celles que vous lui rendez dans le très-saint Sacrement de l'autel.

Loué...

Notre Père...

Je vous salue...

PRIÈRES
PENDANT LA MESSE

AU COMMENCEMENT DE LA MESSE.

Faites-moi la grâce, ô mon Dieu! d'entrer dans les dispositions où je dois être pour vous offrir dignement, par les mains du Prêtre, le sacrifice redoutable auquel je vais assister. Je vous l'offre en m'unissant aux intentions de Jésus-Christ et de son Église : 1° pour rendre à votre divine Majesté l'hommage souverain qui lui est dû;

2° pour vous remercier de tous vos bienfaits ; 3° pour vous demander avec un cœur contrit la rémission de mes péchés ; 4° enfin, pour obtenir tous les secours qui me sont nécessaires pour le salut de mon âme et la vie de mon corps. J'espère toutes ces grâces de vous, ô mon Dieu ! par les mérites de Jésus-Christ votre Fils, qui veut bien être lui-même le Prêtre et la victime de ce sacrifice adorable.

AU CONFITEOR.

Quoique pour connaître mes péchés, ô mon Dieu ! vous n'ayez pas besoin de ma confession, et que vous lisiez dans mon cœur toutes mes iniquités, je vous les confesse néanmoins à la face du ciel et de la terre, j'avoue que je vous ai offensé par mes pensées, paroles et actions. Mes péchés sont grands; mais vos miséricordes sont infinies. Ayez compassion de moi, ô mon Dieu ! souvenez-vous que je suis votre enfant, l'ouvrage de vos mains, et le prix de votre sang. Vierge sainte, Anges du ciel, Saints et Saintes du Paradis, priez pour nous; et pendant que nous gémissons dans cette vallée de misères et de larmes, demandez grâce pour nous, et nous obtenez le pardon de nos péchés.

A L'INTROÏT.

Seigneur, qui avez inspiré aux Patriarches et aux Prophètes des désirs si ardents de voir descendre votre Fils unique sur la terre, donnez-moi quelque portion de cette sainte ardeur, et faites que malgré les embarras de cette vie mortelle, je ressente en moi un saint empressement de m'unir à vous.

AU KYRIE, ELEISON.

Je vous demande, mon Dieu, par des gémissements et des soupirs réitérés, que vous me fassiez miséricorde ; et quand je vous dirais à tous les moments de ma vie : Seigneur, ayez pitié de moi, ce ne serait pas encore assez pour le nombre et l'énormité de mes péchés.

AU GLORIA IN EXCELSIS.

La gloire que vous méritez, mon Dieu, ne peut vous être dignement rendue que dans le ciel ; mon cœur fait néanmoins ce qu'il peut sur la terre au milieu de son exil : il vous adore, il vous bénit, il vous loue, il vous glorifie, il vous rend grâce et vous reconnaît pour le Saint des Saints, et pour le seul Seigneur souverain du ciel et de la terre, en trois personnes, Père, Fils et Saint-Esprit.

AUX ORAISONS.

Recevez, Seigneur, les prières qui vous sont adressées pour nous ; accordez-nous les grâces et les vertus que l'Eglise, notre mère, vous demande par la bouche du Prêtre en notre faveur. Il est vrai que nous ne méritons pas d'être exaucés, mais considérez que nous vous demandons ces grâces par Jésus-Christ votre Fils, qui vit et règne avec vous dans tous les siècles des siècles. Ainsi soit-il.

PENDANT L'ÉPÎTRE.

C'est vous, Seigneur, qui avez inspiré aux Prophètes et aux Apôtres les vérités qu'ils nous ont laissées par écrit; faites-moi part de leurs lumières, et allumez en mon cœur ce feu sacré dont ils ont été embrasés, afin que comme eux je vous aime et je vous serve sur la terre tous les jours de ma vie.

A L'ÉVANGILE.

Je me lève, souverain Législateur, pour vous marquer que je suis prêt à défendre, aux dépens de tous mes intérêts et de ma vie même, les grandes vérités qui sont contenues dans le saint Evangile. Donnez-moi, Seigneur, autant de force pour accomplir votre divine parole, que vous m'inspirez de fermeté pour la croire.

PENDANT LE CREDO.

Oui, mon Dieu, je crois toutes les vérités que vous avez révélées à votre sainte Eglise ; il n'y en a pas une seule pour laquelle je ne voulusse donner mon sang ; et c'est dans cette entière soumission que, m'unissant intérieurement à la profession de foi que le Prêtre vous fait, je dis à présent d'esprit et de cœur, comme il vous le dit de vive voix, que je crois fermement en vous et tout ce que l'Eglise croit. Je proteste à la face de vos autels que je veux vivre et mourir dans les sentiments de cette foi pure, et dans le sein de l'Eglise Catholique, Apostolique et Romaine.

A L'OFFERTOIRE.

Quoique je ne sois qu'une créature mortelle et pécheresse,

je vous offre par les mains du Prêtre, vrai Dieu vivant et éternel, ce pain et ce vin, qui doivent être changés au corps et au sang de Jésus-Christ votre Fils. Recevez, Seigneur, ce sacrifice ineffable en odeur de suavité, et souffrez que j'unisse à cette oblation sainte le sacrifice que je vous fais de mon corps, de mon âme et de tout ce qui m'appartient. Changez-moi, ô mon Dieu ! en une nouvelle créature, comme vous allez changer par votre puissance ce pain et ce vin.

AU LAVABO.

Lavez-moi, Seigneur, dans le sang de l'agneau qui va vous être immolé, et purifiez jusqu'aux moindres souillures de mon âme, afin qu'en m'approchant de votre saint autel, je puisse élever vers vous des mains pures et innocentes, comme vous me l'ordonnez.

PENDANT LA SECRÈTE.

Recevez, mon Dieu, le sacrifice qui vous est offert pour l'honneur et la gloire de votre saint nom, pour notre propre avantage, et pour celui de votre sainte Église. C'est pour entrer dans ses intentions, que je vous demande toutes les grâces qu'elle vous demande maintenant par le ministère du Prêtre auquel je m'unis, pour les obtenir de votre divine bonté, par Jésus-Christ notre Seigneur.

A LA PRÉFACE.

Détachez-nous, Seigneur, de toutes les choses d'ici-bas : élevez nos cœurs vers le ciel, attachez-les à vous seul ; et souffrez qu'en vous rendant les louanges et les actions de grâce qui vous sont dues, nous unissions nos faibles voix aux concerts des Esprits bienheureux et que nous disions, dans le lieu de notre exil, ce qu'ils chantent dans le séjour de la gloire : Saint, Saint, Saint est le Seigneur, le Dieu des armées ; qu'il soit glorifié au plus haut des cieux.

APRÈS LE SANCTUS.

Père éternel, qui êtes le souverain Pasteur des Pasteurs, conservez et gouvernez votre Eglise, sanctifiez-la, et répandez-la par toute la terre : unissez tous ceux qui la composent dans un même esprit et un même cœur ; bénissez notre saint Père le Pape, notre Prélat, notre Pasteur, le chef de l'Etat, et tous ceux qui sont dans la foi de votre Eglise.

AU PREMIER MEMENTO

Je vous supplie, mon Dieu, de vous souvenir de mes parents, de mes amis, de mes bienfaiteurs spirituels et temporels. Je vous recommande aussi de tout mon cœur mes ennemis et tous ceux dont je pourrais avoir reçu quelque mauvais traitement : oubliez leurs péchés et les miens : donnez-leur part aux mérites de ce divin Sacrifice et comblez-les de vos bénédictions en ce monde et en l'autre.

A L'ÉLÉVATION DE LA SAINTE HOSTIE.

O Jésus, mon Sauveur, vrai Dieu et vrai homme, je crois fermement que vous êtes réellement présent dans la sainte Hostie : je vous y adore de tout mon cœur, comme mon Seigneur et mon Dieu. Donnez-moi et à tous ceux qui sont ici présents, la foi, la religion et l'amour que nous devons avoir pour vous dans ce mystère adorable.

A L'ÉLÉVATION DU CALICE.

J'adore en ce Calice, ô mon divin Jésus, le prix de ma rédemption et de celle de tous les hommes. Laissez couler, Seigneur, une goutte de ce sang adorable sur mon âme, afin de la purifier de tous ses péchés, et de l'embraser du feu sacré de votre amour.

APRÈS L'ÉLÉVATION.

Ce n'est plus du pain et du vin, c'est le Corps adorable et le précieux Sang de Jésus-Christ votre fils que nous vous offrons, ô mon Dieu, en mémoire de sa Passion, de sa Résurrection et de son Ascension : recevez-le, Seigneur, et par ses mérites infinis, remplissez-nous de vos grâces et de votre amour.

AU SECOND MEMENTO.

Souvenez-vous aussi, Seigneur, des âmes qui sont dans le Purgatoire ; elles ont l'honneur de vous appartenir, et bientôt elles vous possèderont. Je vous recommande particulièrement celles de mes parents, de mes amis et de mes bienfaiteurs spirituels et temporels, et celles qui ont le plus besoin de prières.

AU PATER.

Quoique je ne sois qu'une misérable créature, cependant, grand Dieu, je prends la liberté de vous appeler mon Père, puisque vous le voulez. Faites-moi la grâce, ô mon Dieu, de ne point dégénérer de la qualité de votre enfant, et ne permettez pas que je fasse jamais rien qui en soit indigne. Que votre saint nom soit sanctifié par tout l'univers. Régnez dès à présent dans mon cœur par votre grâce, afin que je puisse régner éternellement avec vous dans la gloire, et faire votre volonté sur la terre, comme les Saints la font dans le ciel. Vous êtes mon père, donnez-moi donc, s'il vous plaît, ce pain céleste dont vous nourrissez vos enfants. Pardonnez-moi comme je pardonne de bon cœur, pour l'amour de vous, à tous ceux qui m'auraient offensé; et ne permettez pas que je succombe jamais à aucune tentation; mais faites que par le secours de votre grâce, je triomphe de tous les ennemis de mon salut.

A L'AGNUS DEI.

Agneau de Dieu, qui avez

bien voulu vous charger des péchés du monde, ayez pitié de nous. Seigneur, vos miséricordes sont infinies, effacez donc nos péchés, et donnez-nous la paix avec nous-mêmes et avec notre prochain, en nous inspirant une profonde humilité, et en étouffant en nous tout désir de vengeance.

AU DOMINE, NON SUM DIGNUS.

Hélas ! Seigneur, il n'est que trop vrai que je ne mérite pas de vous recevoir : je m'en suis rendu tout-à-fait indigne par mes péchés : je les déteste de tout mon cœur parce qu'ils vous déplaisent et qu'ils m'éloignent de vous. Une seule de vos paroles peut guérir mon âme; ne l'abandonnez pas, mon Dieu, et ne permettez pas qu'elle soit jamais séparée de vous.

A LA COMMUNION DU PRÊTRE.

Si je n'ai pas aujourd'hui le bonheur d'être nourri de votre chair adorable, mon aimable Jésus, souffrez au moins que je vous reçoive d'esprit et de cœur, et que je m'unisse à vous par la Foi, par l'Espérance et par la Charité : je crois en vous, mon Dieu, j'espère en vous, et je vous aime de tout mon cœur.

QUAND LE PRÊTRE RAMASSE LES PARTICULES DE L'HOSTIE.

La moindre partie de vos grâces est infiniment précieuse, mon Dieu ; je l'ai dit, je ne mérite pas d'être assis à votre table comme votre enfant ; mais permettez-moi au moins de ramasser les miettes qui en tombent, comme la Chananéenne le désirait : faites que je ne néglige aucune de vos inspirations, puisque cette négligence pourrait vous obliger de m'en priver entièrement.

PENDANT LES DERNIÈRES ORAISONS.

Très-sainte et très-adorable Trinité, Père, Fils, et Saint-Esprit, qui êtes un seul et vrai Dieu en trois personnes, c'est par vous que nous avons commencé ce sacrifice, c'est par vous que nous le finissons, ayez-le pour agréable, et ne nous renvoyez pas sans nous avoir donné votre sainte bénédiction.

PENDANT LE DERNIER ÉVANGILE.

Verbe éternel, par qui toutes choses ont été faites, et qui, vous étant fait homme pour l'amour de nous, avez institué cet auguste sacrifice, nous vous remercions très-humblement de nous avoir fait la grâce d'y assister aujourd'hui. Que tous les Anges et tous les Saints vous en louent à jamais dans le ciel. Pardonnez-moi, ô mon Dieu, la dissipation où j'ai laissé aller mon esprit, et la froideur que j'ai ressentie en mon cœur dans un temps où il devait être tout occupé de vous, et tout embrasé d'amour pour vous. Oubliez, Seigneur, mes péchés, pour lesquels Jésus-Christ votre fils vient d'être immolé sur cet autel : ne permettez pas que je sois assez malheureux pour vous offenser davantage; mais faites que marchant dans les voies de la justice, je vous regarde sans cesse comme la règle et la fin de toutes mes pensées, de toutes mes paroles et de toutes mes actions.

Ainsi soit-il.

ABRÉGÉ

DE CE QU'IL FAUT SAVOIR, CROIRE ET PRATIQUER POUR ÊTRE SAUVE.

1. Il n'y a qu'un Dieu; il ne peut y en avoir plusieurs : Dieu

possède toutes les perfections, il est infiniment saint, juste, bon; il est tout-puissant, souverain, éternel, c'est-à-dire qu'il a été toujours et sera toujours. Dieu est un pur esprit, il n'a point de corps, on ne peut le voir, il connaît tout, jusqu'à nos plus secrètes pensées.

2. Il y a en Dieu trois personnes réellement distinctes l'une et l'autre; la première, le Père; la seconde, le Fils; la troisième, le Saint-Esprit.

Le Père est Dieu, le Fils est Dieu, le Saint-Esprit est Dieu :

cependant ce ne sont pas trois dieux, mais trois personnes égales en toutes choses, qui ne sont qu'un seul et même Dieu, parce qu'elles n'ont qu'une même nature et essence divine. C'est là ce qu'on appelle le mystère de la très-sainte Trinité.

3. C'est Dieu qui a créé le ciel et la terre, et tout ce qu'ils renferment : il les a faits de rien par sa seule volonté. Il a créé les Anges : les uns ont péché par orgueil, et sont dans l'enfer : les autres, restés attachés à Dieu, sont heureux dans le ciel. Dieu a fait les astres, la terre,

les animaux, les plantes, pour l'usage de l'homme; mais il a fait l'homme à son image, et uniquement pour connaître, aimer, servir son Dieu sur la terre, et par ce moyen gagner le paradis.

4. Le premier homme et la première femme désobéirent à Dieu, et se rendirent coupables, eux et tous leurs descendants, et c'est à cause de la désobéissance de nos premiers parents que nous apportons tous, en venant au monde, le péché originel. En punition de ce péché, ils méritèrent pour eux et pour

tous leurs descendants, ou pour tous les hommes, les souffrances, les peines, la mort, la colère de Dieu, et la condamnation éternelle.

5. Dieu, cependant, voulut bien offrir aux hommes le pardon et même le ciel, et pour cela la seconde personne de la très-sainte Trinité, le Fils de Dieu, se fit homme; il prit un corps et une âme pour souffrir, et, par ce moyen, payer à la justice de Dieu ce que nous lui devions, et nous délivrer de la puissance du démon. Le Fils de Dieu fait homme s'appelle Jésus-Christ.

6. Ainsi, dans la très-sainte Trinité, le Père est vrai Dieu, mais pas homme, il n'a pas de corps ; il en est de même du Saint-Esprit ; mais le Fils, vrai Dieu comme le Père et le Saint-Esprit, s'est fait homme pour nous racheter ; il a toujours été Dieu, mais il ne s'est fait homme que depuis environ mille huit cents ans. Sans lui, nous aurions tous été privés du ciel.

7. Le Fils de Dieu prit un corps formé par l'opération du Saint-Esprit, dans le sein de la très-sainte Vierge Marie, qui ne cessa pas d'être vierge : c'est

là le mystère de l'Incarnation : on en fait la fête le 25 mars. Il vint au monde la nuit de Noël, dans une étable : il vécut sur la terre environ trente-trois ans, dans la pauvreté, l'humilité et la pratique de toutes les vertus. Il enseigna l'Evangile, fit un très grand nombre de miracles pour prouver sa divinité; et toutes les prophéties par lesquelles Dieu l'avait annoncé aux hommes s'accomplirent à la lettre dans sa personne.

8. Il est mort comme Homme-Dieu sur une croix pour nos péchés, le Vendredi-Saint;

c'est le mystère de la Rédemption : il s'est ressuscité lui-même le troisième jour après sa mort, le jour de Pâques ; il est monté au ciel par sa propre vertu, le jour de l'Ascension, quarante jours après sa Résurrection ; il en descendra à la fin du monde, pour juger tous les hommes, qui mourront tous et ressusciteront ; il donnera le paradis aux justes ; mais pour ceux qui seront morts en péché mortel, tels que les impies, les jureurs, les vindicatifs, les impudiques, les ivrognes, etc., il les condamnera à l'enfer : le ciel et l'enfer dureront éternellement, c'est-à-dire sans fin.

9. L'Eglise est la société de ceux qui professent la véritable Religion enseignée par Jésus-Christ; c'est l'Eglise catholique, apostolique et romaine. Il faut obéir à ceux qui la gouvernent par l'autorité de Jésus-Christ : ce sont les Evêques, spécialement N. S. P. le Pape, qui, comme chef, successeur de saint Pierre et Vicaire de Jésus-Christ, a l'autorité sur tous les Evêques et sur tous les fidèles; c'est le seul moyen de ne pas tomber dans l'erreur, selon la promes-

se de Jésus-Christ. Hors de l'Eglise, point de salut : ainsi, tous ceux qui n'appartiennent pas à l'Eglise, ou qui ne lui obéissent pas, seront damnés. L'Eglise est composée des Saints qui sont en Purgatoire, et des Fidèles qui sont sur la terre : nous participons aux mérites des Saints et des Fidèles, et nous pouvons soulager les âmes du Purgatoire par nos prières et nos bonnes œuvres.

Toutes ces vérités sont renfermées dans le Symbole des Apôtres : Je crois en Dieu, etc. On doit les croire fermement, non sur la seule parole des hommes qui les annoncent, mais parce qu'elles ont été révélées par Dieu même, et qu'elles sont enseignées par l'Eglise, qui est infaillible.

10. Pour se sauver, il faut non-seulement croire fermement toutes ces vérités, mais il faut encore vivre chrétiennement : il faut observer les commandements de Dieu et de l'Eglise, pratiquer les vertus et fuir le péché.

Il y a dix commandements de Dieu; le premier nous ordonne

de l'aimer, de l'adorer lui seul, d'aimer le prochain comme nous-mêmes, pour l'amour de Dieu ; le second, d'honorer son saint nom, en nous défendant de le profaner par les jurements : le troisième nous ordonne d'employer le Dimanche à la prière ou aux bonnes œuvres, et nous défend les travaux serviles ; le quatrième ordonne d'honorer les Pères et Mères et tous les Supérieurs ; le cinquième défend de tuer et de faire de mal à personne, de donner mauvais exemple, de dire ou penser mal de personne, et ordonne de pardonner à tous ; le sixième défend toute impureté, et tout ce qui peut y conduire; le septième défend de prendre et de retenir le bien des autres, et de leur causer aucun dommage; le huitième défend de porter faux témoignage et de mentir; le neuvième défend le désir des mauvaises actions défendues par le sixième Commandement, et de s'arrêter à aucune pensée déshonnête; le dixième défend de désirer injustement le bien des autres.

L'Eglise ordonne principalement six choses : 1° de sanctifier les Fêtes qu'elle commande;

2° d'assister à la messe avec attention, les Dimanches et les Fêtes ; 3° de se confesser au moins une fois l'an ; 4° de communier au moins une fois l'an, à sa paroisse, dans la quinzaine de Pâques ; 5° de jeûner les Quatre-Temps, les Vigiles et tout le Carême ; 6° de s'abstenir de manger gras les Vendredis, les Samedis, et autres jours d'abstinence.

11. Mais pour obéir à Dieu et à l'Eglise, nous avons absolument besoin de la grâce de Dieu : pour l'obtenir, il faut la demander souvent par d'humbles et ferventes prières,

et toujours au nom de Jésus-Christ. La plus excellente des Prières, c'est Notre Père, etc., parce que Jésus-Christ lui-même l'a enseignée. Il est encore très utile d'invoquer la très-sainte Vierge et les Saints, parce qu'ils peuvent beaucoup nous aider par leur intercession.

12. Jésus-Christ a institué les Sacrements pour nous donner sa grâce en nous appliquant les mérites de ses souffrances et de sa mort; il y en a sept : le Baptême, la Confirmation, la Pénitence, l'Eucharistie, l'Extrê-

me--Onction, l'Ordre et le Mariage.

13. Il y en a trois qu'il est plus essentiel de connaître, savoir : le Baptême, sans lequel personne n'est sauvé : toute personne peut baptiser en cas de danger de mort ; il faut pour cela verser de l'eau naturelle sur la tête : elle doit couler sur la peau, et non pas seulement sur les cheveux ; et la même personne dit au moment qu'elle la verse : Je te baptise au nom du Père, et du Fils, et du Saint-Esprit. Le Baptême efface en nous le péché originel,

nous donne la vie de la grâce, et nous fait enfants de Dieu et de l'Eglise.

14. Le sacrement de Pénitence est établi pour remettre les péchés commis après le Baptême ; mais, pour en obtenir le pardon par ce Sacrement, il faut les confesser tous, du moins les mortels, sans en cacher un seul ; avoir une très-grande douleur d'avoir offensé Dieu ; demander très-instamment cette douleur à Dieu ; être fermement résolu de ne les plus commettre, et d'en quitter les occasions ; enfin, être

décidé à faire les réparations et pénitences que le prêtre impose. Si une seule de ces dispositions manque, l'absolution reçue est un grand crime, et, de plus, un sacrilége.

15. L'Eucharistie est le plus auguste de tous les Sacrements, parce qu'il contient Jésus-Christ tout entier, vrai Dieu et vrai homme : son corps, son sang, son âme, sa divinité. A la messe, par les paroles de la consécration que le prêtre prononce, la substance du pain et du vin est changée au corps de Jésus-Christ, et il n'en res-

te plus que les apparences : ainsi, lorsque le Saint-Sacrement est exposé sur l'autel, ou lorsqu'il est dans le Tabernacle, c'est Jésus-Christ réellement présent qu'on adore : et quand on communie, c'est Jésus-Christ qu'on reçoit pour être la nourriture spirituelle de l'âme ; ce n'est pas son image, ni sa figure, comme sur un crucifix, mais c'est Jésus-Christ lui-même, c'est-à-dire le même Fils de Dieu, le même Jésus-Christ qui est né de la très-sainte Vierge Marie, qui est mort pour nous sur la croix, qui est ressuscité, monté au ciel, qui est dans la sainte Hostie aussi véritablement qu'il est au ciel. Pour bien communier, il faut n'avoir sur la conscience aucun péché mortel; s'il y en avait un seul, on commettrait un énorme crime, un sacrilége : on mangerait et boirait, dit saint Paul, son jugement et sa condamnation.

16. Il faut mourir; le moment de notre mort est incertain; de ce moment dépend notre bonheur ou malheur éternel; le Paradis ou l'Enfer sera notre partage pour toujours, selon

l'état de grâce ou de péché où nous nous trouverons à la mort : pensons-y bien.

17. Les principales vertus d'un Chrétien sont : la Foi, l'Espérance et la Charité : 1° la Foi est un don de Dieu, par lequel nous croyons fermement toutes les vérités qu'il a révélées à son Eglise; 2° l'Espérance est un don de Dieu, par lequel nous attendons avec confiance le ciel et les grâces pour y parvenir; 3° la Charité est un don de Dieu, par lequel nous aimons Dieu par-dessus toutes choses, pour l'amour

de lui-même, et notre prochain comme nous-même pour l'amour de Dieu.

Tout Chrétien est obligé de faire souvent des Actes de Foi, d'Espérance et de Charité dès qu'il a l'usage de la raison, et lorsqu'il est en danger de mort.

LES COMMANDEMENTS DE DIEU.

1. Un seul Dieu tu adoreras
   Et aimeras parfaitement.
2. Dieu en vain tu ne jureras,
   Ni autre chose pareillement.
3. Les Dimanches tu garderas,
   En servant Dieu dévotement.
4. Tes père et mère honoreras,
   Afin que tu vives longuement.
5. Homicide point ne seras,
   De fait, ni volontairement.
6. Luxurieux point ne seras,
   De corps ni de consentement.
7. Le bien d'autrui tu ne prendras,
   Ni retiendras à ton escient.
8. Faux témoignage ne diras,
   Ni mentiras aucunement.
9. L'œuvre de chair ne désireras,
   Qu'en mariage seulement.
10. Biens d'autrui ne convoiteras,
    Pour les avoir injustement.

LES COMMANDEMENTS DE L'ÉGLISE.

1. Les Fêtes tu sanctifieras,
   Qui te sont de commandement.

2. Les Dimanches la messe ouïras,
   Et les Fêtes pareillement.

3. Tous tes péchés confesseras,
   A tout le moins une fois l'an.

4. Ton Créateur tu recevras,
   Au moins à Pâques humblement.

5. Quatre-Temps, Vigiles jeûneras,
   Et le Carême entièrement.

6. Vendredi chair ne mangeras,
   Ni le samedi mêmement.

XXXXXXXXXXXXXXXXXXXXXXXXXXXXXXXX

LES MAXIMES DE LA SAGESSE

1.
Craignez un Dieu vengeur et tout ce qui le blesse ;
C'est là le premier pas qui mène à la sagesse.

2.
Ne plaisantez jamais ni de Dieu, ni des Saints :
Laissez ce vil plaisir aux jeunes libertins.

3.
Que votre piété soit sincère et solide,
Et qu'à tous vos discours la vérité préside.

4.
Tenez votre parole inviolablement ;
Mais ne la donnez pas inconsidérément.

5.
Soyez officieux, complaisant, doux, affable,
Poli, d'humeur égale, et vous serez aimable.

6.

Du pauvre qui vous doit n'augmentez pas
les maux;
Payez à l'ouvrier le prix de ses travaux.

7.

Bon père, bon époux, bon maître sans
faiblesse,
Honorez vos parents, surtout dans leur
vieillesse.

8.

Du bien qu'on vous a fait soyez recon-
naissant;
Montrez-vous généreux, humain et bien-
faisant.

9.

Donnez de bonne grâce : une belle manière
Ajoute un nouveau prix au présent qu'on
veut faire.

10.

Rappelez rarement un service rendu :
Le bienfait qu'on reproche est un bienfait
perdu.

11.

Ne publiez jamais les grâces que vous faites:
Il faut les mettre au rang des affaires secrètes.

12.

Prêtez avec plaisir, mais avec jugement.
S'il faut récompenser, faites-le dignement.

13.

Au bonheur des humains ne portez pas envie;
N'allez point divulguer ce que l'on vous confie.

14.

Sans être familier, ayez un air aisé.
Ne décidez de rien qu'après l'avoir pesé.

15.

A la Religion soyez toujours fidèle :
On ne sera jamais honnête homme sans elle.

16.

Détestez et l'impie et ses dogmes trompeurs :
Ils séduisent l'esprit, ils corrompent les mœurs.

17.
Ne rejetez pas moins tout principe hérétique.
C'est peu d'être chrétien, si l'on n'est catholique.

18.
Aimez le doux plaisir de faire des heureux.
Et soulagez surtout le pauvre malheureux.

19.
Soyez homme d'honneur; et ne trompez personne.
A tous ses ennemis un noble cœur pardonne.

20.
Aimez à vous venger par beaucoup de bienfaits.
Parlez peu, pensez bien, et gardez vos secrets.

21.
Ne vous informez pas des affaires des autres;
Sans air mystérieux dissimulez les vôtres.

22.
N'ayez point de fierté. Ne vous louez jamais,

Soyez humble et modeste au milieu des succès.

23.

Surmontez les chagrins où l'esprit s'abandonne;
Ne faites rejaillir vos peines sur personne.

24.

Supportez les humeurs et les défauts d'autrui;
Soyez des malheureux le plus solide appui.

25.

Reprenez sans aigreur, louez sans flatterie.
Ne méprisez personne, entendez raillerie.

26.

Fuyez les libertins, les fats et les pédants;
Choisissez vos amis; voyez d'honnêtes gens.

27.

Jamais ne parlez mal des personnes absentes;
Badinez prudemment des personnes présentes.

28.

Consultez volontiers. Evitez les procès;
Où la discorde règne, apportez-y la paix.

29.
Avec les inconnus, usez de défiance ;
Avec vos amis mêmes, ayez de la prudence.
30.
Point de folles amours, ni de vin, ni de jeux :
Ce sont là trois écueils en naufrages fameux.
31
Sobre pour le travail, le sommeil et la table,
Vous aurez l'esprit libre et la santé durable.
32.
Jouez pour le plaisir et perdez noblement.
Sans prodigalité dépensez prudemment.
33.
Ne perdez point de temps à des choses frivoles ;
Le sage est ménager du temps et des paroles.
34.
Sachez à vos devoirs immoler vos plaisirs,
Et pour vous rendre heureux, modérez vos désirs.

35.

Ne demandez à Dieu ni grandeur ni richesse :
Mais pour vous gouverner demandez la sagesse.

POUR DEMANDER A DIEU

LE DON DE LA SAGESSE.

Dieu de toutes choses, qui avez fait tout par votre parole, qui avez formé l'homme par votre sagesse, pour lui donner la puissance sur les créatures que vous avez faites, pour gouverner le monde dans l'équité et dans la justice, et pour le juger dans la droiture de cœur, donnez-moi cette sagesse qui est assise auprès de vous sur votre trône, et ne me rejetez pas du nombre de vos enfants.

AU SAINT-ESPRIT.

Esprit-Saint, consolateur et plein de bonté, aidez-moi ; mon Dieu, mon Sauveur, je vous recommande mon âme, mon corps et toutes les choses qui sont à moi. Je laisse et remets entre vos mains tout le progrès et la fin de ma vie, accordez-moi la grâce de persévérer en votre saint service, de faire pénitence et des fruits dignes de pénitence, et de mourir en votre sainte grâce.

FIN.

Limoges. — Impr. Eugène Ardant et Cⁱᵉ.

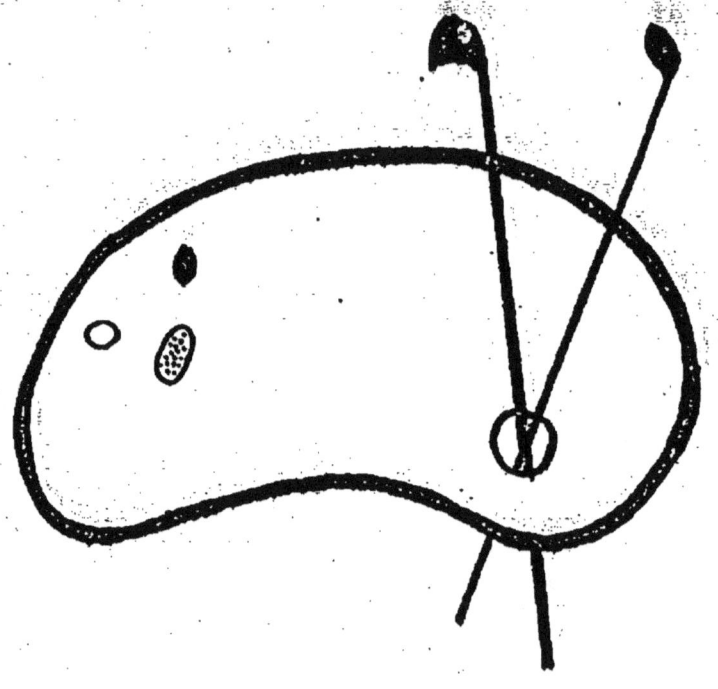

ORIGINAL EN COULEUR
NF Z 43-120-8

www.ingramcontent.com/pod-product-compliance
Lightning Source LLC
Chambersburg PA
CBHW070521100426
42743CB00010B/1902